Impressum
Verlag: BABADADA GmbH, Nedderfeld 112 , 22529 Hamburg
Geschäftsführer / Verlagsleitung: Harald Hof
Druck: Books on Demand GmbH, In de Tarpen 42, 22848 Norderstedt

Imprint
Publisher: BABADADA GmbH, Nedderfeld 112 , 22529 Hamburg, Germany
Managing Director / Publishing direction: Harald Hof
Print: Books on Demand GmbH, In de Tarpen 42, 22848 Norderstedt, Germany

# mokykla

# skola

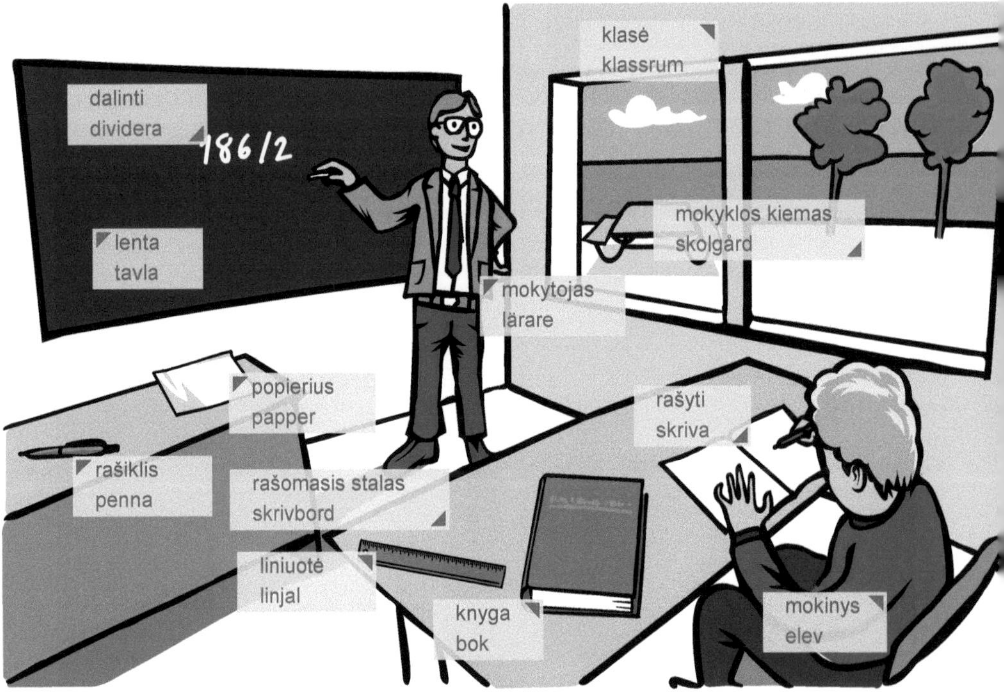

klasė
klassrum
dalinti
dividera
186/2
lenta
tavla
mokyklos kiemas
skolgård
mokytojas
lärare
popierius
papper
rašyti
skriva
rašiklis
penna
rašomasis stalas
skrivbord
liniuotė
linjal
knyga
bok
mokinys
elev


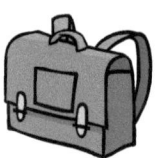

kuprinė

skolväska

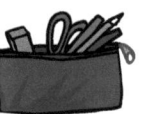

penalas

pennfodral

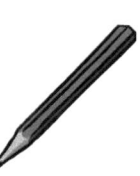

pieštukas

blyertspenna

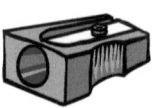

drožtukas

pennvässare

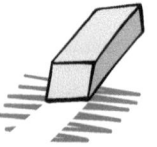

trintukas

suddgummi

piešimo bloknotas

ritblock

piešinys

teckning

teptukas

pensel

dažų dėžutė

målarlåda

žirklės

sax

klijai

lim

vadovėlis

övningsbok

namų darbai

hemläxa

numeris

tal

pridėti

addera

atimti

subtrahera

dauginti

multiplicera

skaičiuoti

räkna

raidė

bokstav

abėcėlė

alfabet

žodis

ord

tekstas

text

skaityti

läsa

kreida

krita

pamoka

lektion

dienynas

register

egzaminas

prov

pažymėjimas

intyg

mokyklinė uniforma

skoluniform

išsilavinimas

utbildning

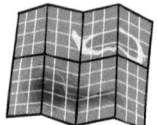

enciklopedija

uppslagsverk

universitetas

universitet

mikroskopas

mikroskop

žemėlapis

karta

šiukšliadėžė

papperskorg

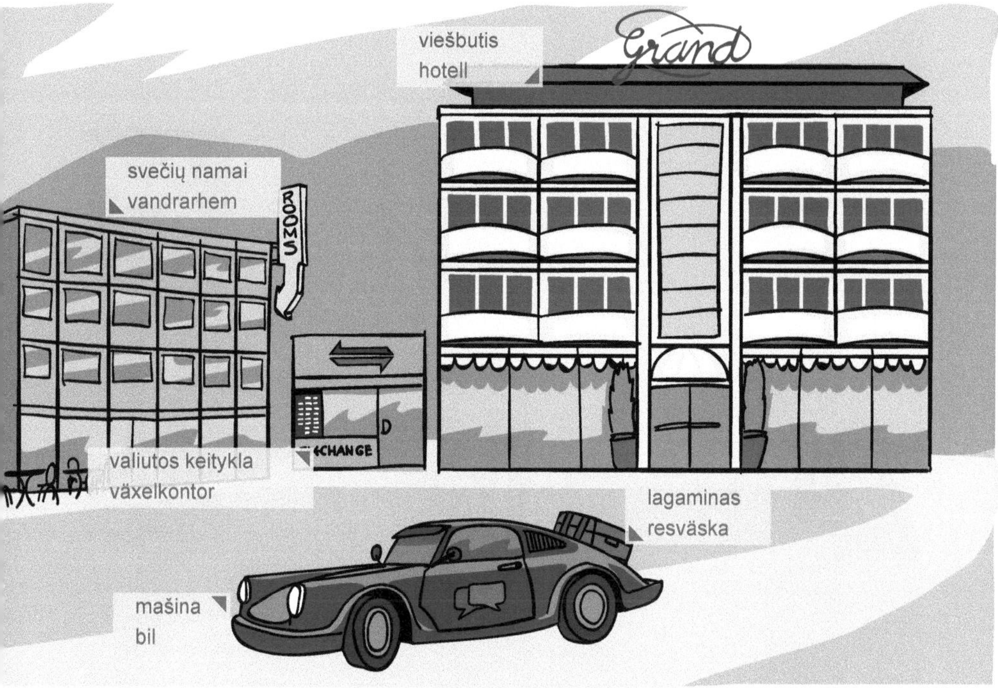

viešbutis
hotell
Grand
svečių namai
vandrarhem
ROOMS
valiutos keitykla
växelkontor
EXCHANGE
lagaminas
resväska
mašina
bil

kalba
språk

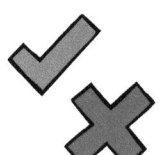

taip / ne
ja / nej

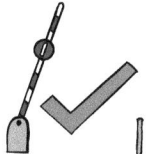

Gerai
Okay

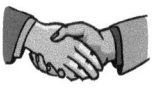

sveiki
hej

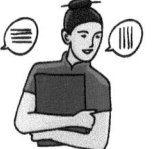

vertėjas raštu
översättare

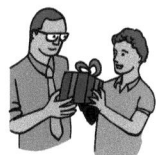

Ačiū
Tack

kiek kainuoja...?

hur mycket kostar...?

aš nesuprantu

jag förstår inte

problema

problem

Labas vakaras!

God kväll!

Labas rytas!

God morgon!

Labos nakties!

God natt!

viso gero

hejdå

kryptis

riktning

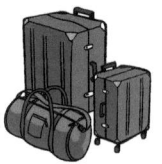

bagažas

bagage

krepšys

väska

kuprinė

ryggsäck

svečias

gäst

kambarys

rum

miegmaišis

sovsäck

palapinė

tält

turizmo informacija

turistinformation

paplūdimys

strand

kreditinė kortelė

kreditkort

pusryčiai

frukost

pietūs

lunch

vakarienė

middag

bilietas

biljett

liftas

hiss

pašto ženklas

frimärke

siena

gräns

muitinė

tull

ambasada

ambassad

viza

visum

pasas

pass

kelionė - resa

# transportas
# transport

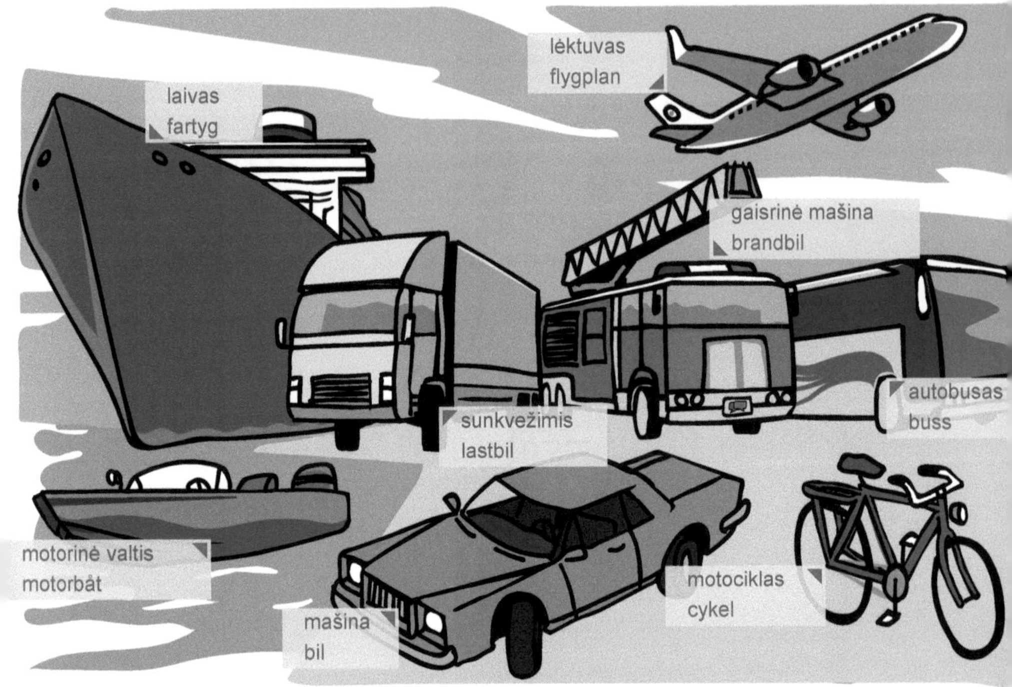
lėktuvas
flygplan
laivas
fartyg
gaisrinė mašina
brandbil
autobusas
buss
sunkvežimis
lastbil
motorinė valtis
motorbåt
motociklas
cykel
mašina
bil

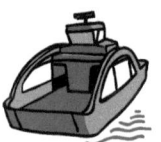

keltas

färja

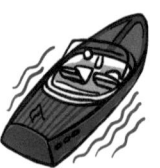

valtis

båt

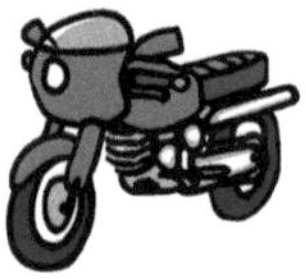

mopedas

motorcykel

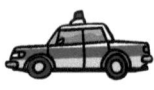

policijos automobilis

polisbil

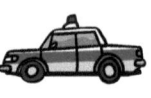

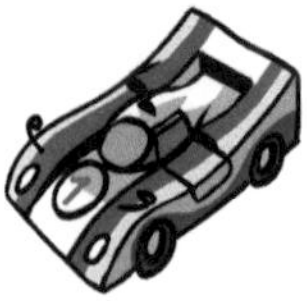

lenktyninis automobilis

racerbil

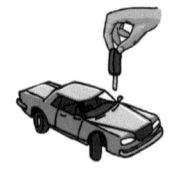

nuomojamas automobilis

hyrbil

bendras automobilio
naudojimas
...............
bilpool

techninės pagalbos
automobilis
...............
bärgningsbil

šiukšliavežė
...............
sopbil

variklis
...............
motor

degalai
...............
bränsle

degalinė
...............
bensinstation

kelio ženklas
...............
vägmärke

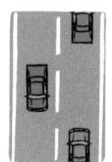

eismas
...............
trafik

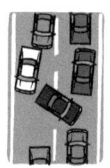

eismo spūstis
...............
bilkö

ašinų stovėjimo aikštelė
...............
parkeringsplats

traukinių stotis
...............
tågstation

bėgiai
...............
räls

traukinys
...............
tåg

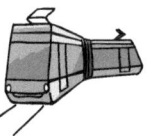

tramvajus
...............
spårvagn

vagonas
...............
vagn

transportas - transport

sraigtasparnis

helikopter

oro uostas

flygplats

bokštas

torn

keleivis

passagerare

konteineris

container

dėžė

kartong

vežimėlis

vagn

krepšys

korg

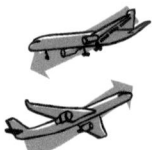

pakilti / nusileisti

starta / landa

# miestas
## stad

kaimas

by

miesto centras

centrum

namas

hus

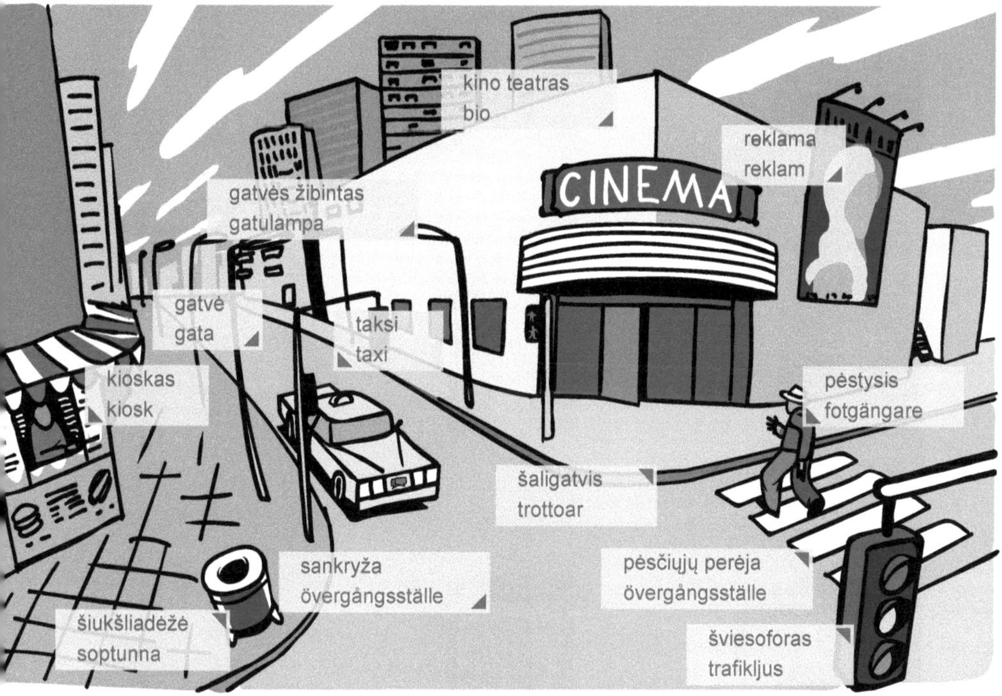

CINEMA
kino teatras
bio
reklama
reklam
gatvės žibintas
gatulampa
gatvė
gata
taksi
taxi
kioskas
kiosk
pėstysis
fotgängare
šaligatvis
trottoar
sankryža
övergångsställe
pėsčiųjų perėja
övergångsställe
šiukšliadėžė
soptunna
šviesoforas
trafikljus

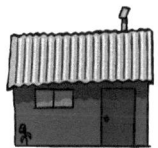

trobelė

stuga

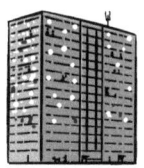

butas

lägenhet

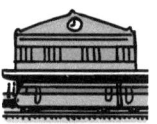

traukinių stotis

tågstation

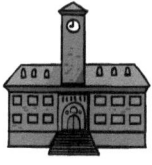

rotušė

stadshus

MUSEUM

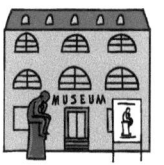

muziejus

museum

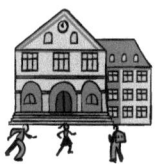

mokykla

skola

universitetas

universitet

bankas

bank

ligoninė

sjukhus

viešbutis

hotell

vaistinė

apotek

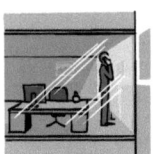

biuras

kontor

knygynas

bokhandel

parduotuvė

affär

gėlių parduotuvė

blomsterbutik

prekybos centras

stormarknad

turgus

marknad

universalinė parduotuvė

varuhus

žuvies parduotuvė

fiskhandlare

prekybos centras

köpcentrum

uostas

hamn

parkas

park

suoliukas

bänk

tiltas

brygga

laiptai

trappa

metro

tunnelbana

tunelis

tunnel

autobusų stotelė

busshållplats

baras

bar

restoranas

restaurang

lauko pašto dėžutė

brevlåda

kelio ženklas

gatuskylt

parkomatas

parkeringsautomat

zoologijos sodas

zoo

baseinas

simbassäng

mečetė

moské

ūkininko ūkis
bondgård

tarša
förorening

kapinės
kyrkogård

bažnyčia
kyrka

žaidimų aikštelė
lekplats

šventykla
tempel

## kraštovaizdis
## landskap

lapas
löv

kelio rodyklė
vägskylt

kelias
väg

pieva
äng

akmuo
sten

medis
träd

ėjikas
liftare

upė
flod

žolė
gräs

gėlė
blomma

slėnis
dal

kalva
kulle

ežeras
sjö

miškas
skog

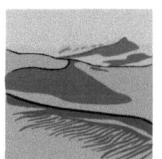

dykuma
öken

ugnikalnis
vulkan

pilis
slott

vaivorykštė
regnbåge

grybas
svamp

palmė
palm

uodas
mygga

musė
fluga

skruzdėlė
myra

bitė
bi

voras
spindel

vabalas

skalbagge

varlė

groda

voverė

ekorre

ežys

igelkott

kiškis

hare

pelėda

uggla

paukštis

fågel

gulbė

svan

šernas

vildsvin

elnias

rådjur

briedis

älg

užtvanka

damm

vėjo jėgainė

vindkraftverk

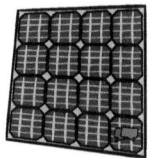

saulės baterija

solcellspanel

klimatas

klimat

padavėjas
servitör

meniu
meny

kėdė
stol

sriuba
soppa

pica
pizza

staltiesė
bordsduk

stalo įrankiai
bestick

užkandis
.................
förrätt

pagrindinis patiekalas
.................
huvudrätt

desertas
.................
dessert

gėrimai
.................
drycker

maistas
.................
mat

butelis
.................
flaska

greitai pateikiamas maistas

snabbmat

gatvės maistas

street food

arbatinukas

tekanna

cukrinė

sockerskål

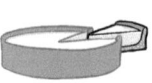

porcija

portion

espreso aparatas

espressomaskin

aukšta kėdė

barnstol

sąskaita

räkning

padėklas

bricka

peilis

kniv

šakutė

gaffel

šaukštas

sked

arbatinis šaukštelis

tesked

servetėlė

servett

stiklinė

glas

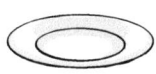

lėkštė

tallrik

sriubos lėkštė

sopptallrik

padėklas

tefat

padažas

sås

druskinė

saltkar

pipirų malūnėlis

pepparkvarn

actas

vinäger

aliejus

olja

prieskoniai

kryddor

kečupas

ketchup

garstyčios

senap

majonezas

majonnäs

# prekybos centras

# stormarknad

specialus pasiūlymas
specialerbjudande
FOR
pirkėjas
kund
pieno produktai
mejeriprodukter
vaisiai
frukt
troleibusas
varukorg

BUTCHERS

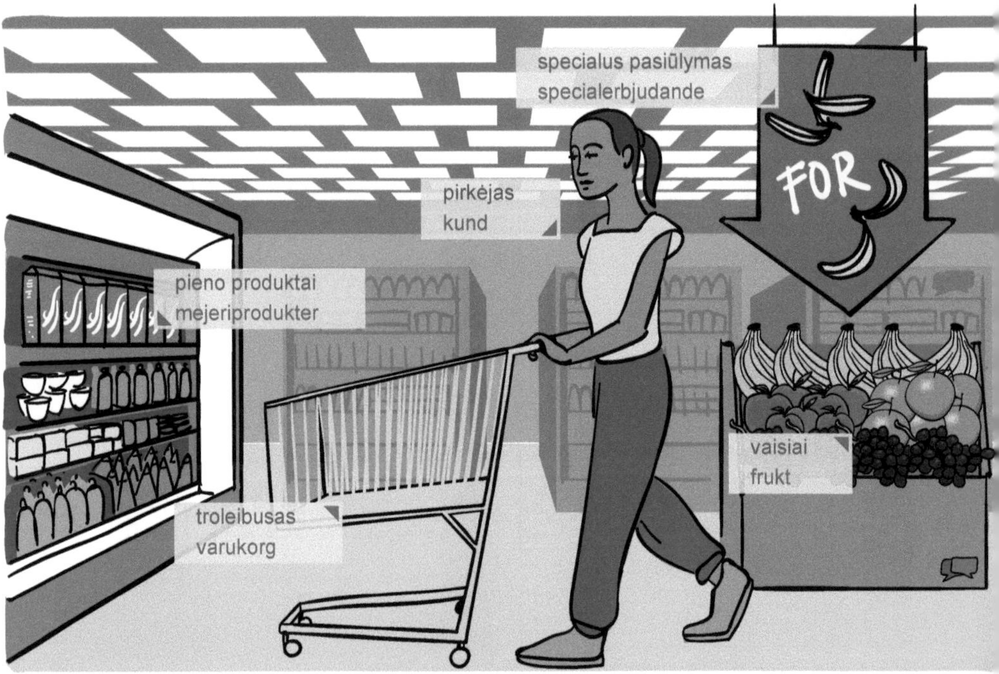

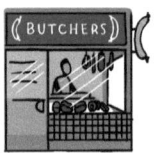

mėsos parduotuvė

charkuteri

BAKERY

kepykla

bageri

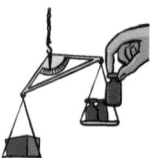

sverti

väga

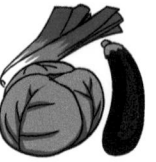

daržovės

grönsaker

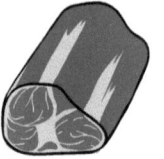

mėsa

kött

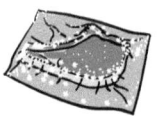

šaldytas maistas

frysta livsmedel

šalti mėsos užkandžiai

pålägg

konservai

konserver

skalbimo milteliai

tvättmedel

saldumynai

godis

ūkinės prekės

hushållsprodukter

valymo priemonės

rengöringsmedel

pardavėja

försäljare

kasos aparatas

kassa

kasininkas

kassör

pirkinių sąrašas

inköpslista

darbo valandos

öppettider

piniginė

plånbok

kreditinė kortelė

kreditkort

maišelis

väska

plastikinis maišelis

plastpåse

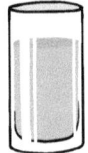

vanduo

vatten

sultys

juice

pienas

mjölk

kola

cola

vynas

vin

alus

öl

alkoholis

alkohol

kakava

kakao

arbata

te

kava

kaffe

espresas

espresso

kapučinas

cappuccino

bananas
banan

obuolys
äpple

apelsinas
apelsin

arbūzas
melon

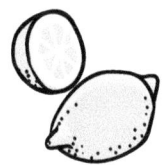

citrina
citron

morka
morot

česnakas
vitlök

bambukas
bambu

svogūnas
lök

grybas
svamp

riešutai
nötter

makaronai
nudlar

spagečiai

spaghetti

ryžiai

ris

salotos

sallad

traškučiai

pommes frites

keptos bulvės

stekt potatis

pica

pizza

mėsainis

hamburgare

sumuštinis

smörgås

pjausnys

schnitzel

kumpis

skinka

saliamis

salami

dešrelė

korv

vištiena

kyckling

kepsnys

stek

žuvis

fisk

avižų dribsniai

havregryn

dribsniai su priedais

müsli

kukurūzų dribsniai

cornflakes

miltai

mjöl

prancūziškasis ragelis

croissant

bandelė

fralla

duona

bröd

skrebutis

rostat bröd

sausainiai

kex

sviestas

smör

varškė

kvarg

tortas

kaka

kiaušinis

ägg

kiaušinienė

stekt ägg

sūris

ost

ledai

glass

cukrus

socker

medus

honung

uogienė

sylt

tepamas šokoladas

nougatkräm

karis

curry

# ūkininko ūkis
# bondgård

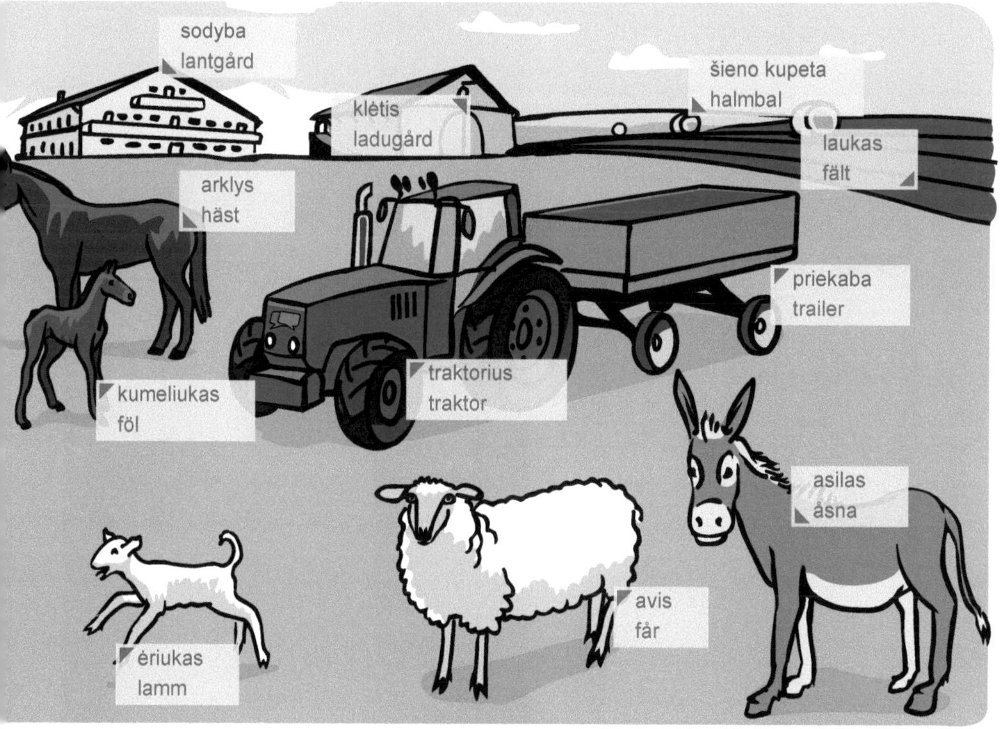
sodyba
lantgård
klėtis
ladugård
šieno kupeta
halmbal
laukas
fält
arklys
häst
priekaba
trailer
traktorius
traktor
kumeliukas
föl
asilas
åsna
avis
får
ėriukas
lamm

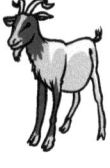

ožys

get

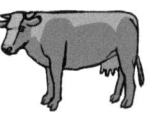

karvė

ko

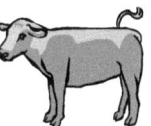

veršis

kalv

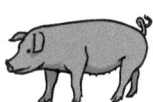

kiaulė

gris

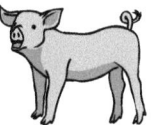

paršelis

griskulting

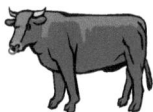

bulius

tjur

žąsis

gås

antis

anka

viščiukas

kyckling

višta

höna

gaidys

tupp

žiurkė

råtta

katė

katt

pelė

mus

jautis

oxe

šuo

hund

šuns būda

hundkoja

sodo namas

trädgårdsslang

laistytuvas

vattenkanna

dalgis

lie

plūgas

plog

pjautuvas

skära

kauptukas

hacka

šakės

högaffel

kirvis

yxa

statinė

skottkärra

lovys

tråg

bidonas

mjölkflaska

maišas

säck

tvora

staket

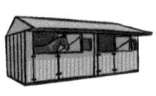

arklidė

stall

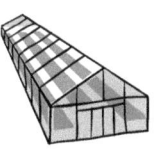

šiltnamis

växthus

dirva

jord

sėkla

säd

trąšos

gödsel

kombainas

skördetröska

rinkti
.................
skörda

derlius
.................
skörd

saldžiosios bulvės
.................
jams

kviečiai
.................
vete

soja
.................
soja

bulvė
.................
potatis

kukurūzai
.................
majs

rapsai
.................
raps

vaismedis
.................
fruktträd

manijokas
.................
maniok

grūdai
.................
spannmål

# namas
# hus

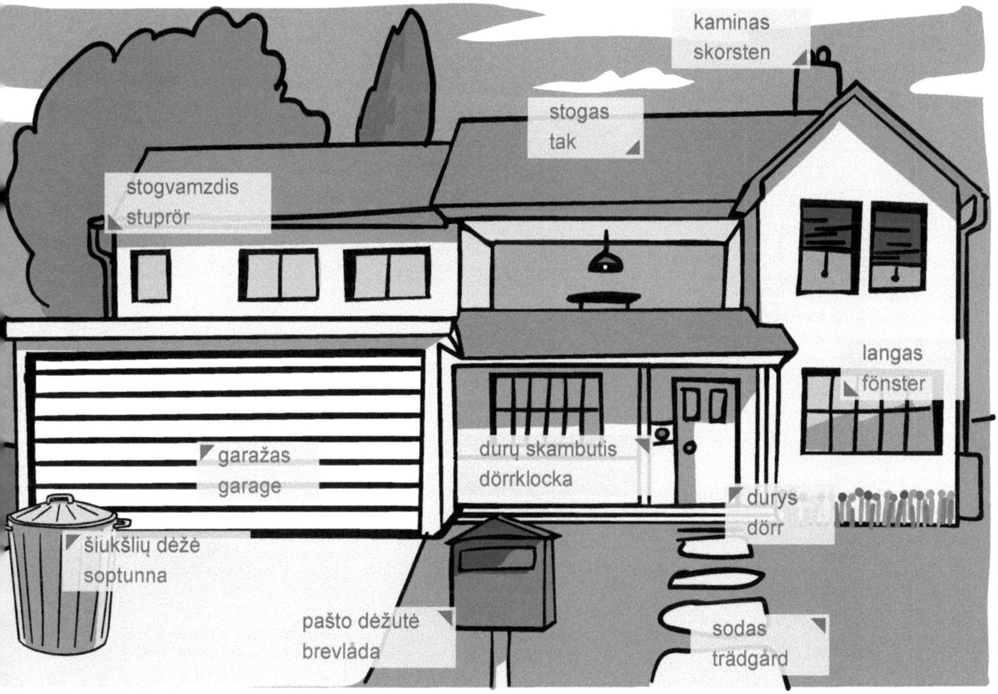
kaminas
skorsten
stogas
tak
stogvamzdis
stuprör
langas
fönster
garažas
garage
durų skambutis
dörrklocka
durys
dörr
šiukšlių dėžė
soptunna
pašto dėžutė
brevlåda
sodas
trädgård

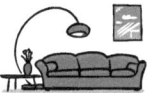

svetainė

vardagsrum

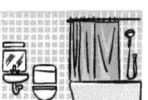

vonios kambarys

badrum

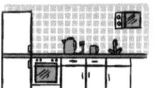

virtuvė

kök

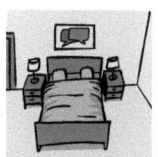

miegamasis

sovrum

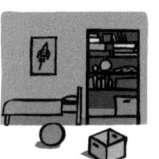

vaiko kambarys

barnrum

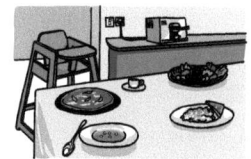

valgomasis

matsal

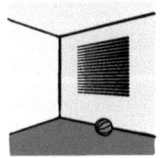

grindys
golv

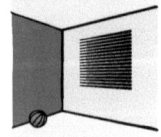

siena
vägg

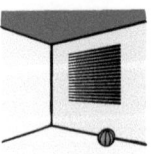

lubos
tak

rūsys
källare

sauna
bastu

balkonas
balkong

terasa
terrass

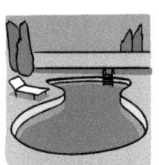

baseinas
bassäng

žoliapjovė
gräsklippare

paklodė
lakan

lovatiesė
överkast

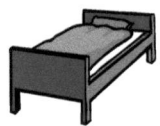

lova
säng

šluota
kvast

kibiras
hink

jungiklis
strömbrytare

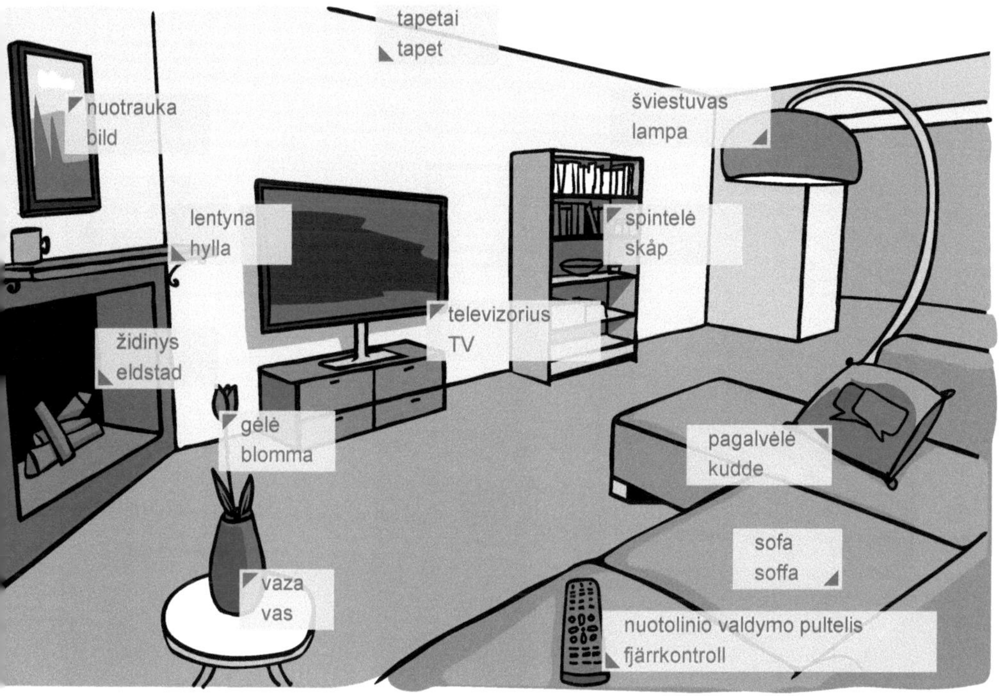

tapetai
tapet

nuotrauka
bild

šviestuvas
lampa

lentyna
hylla

spintelė
skåp

židinys
eldstad

televizorius
TV

gėlė
blomma

pagalvėlė
kudde

sofa
soffa

vaza
vas

nuotolinio valdymo pultelis
fjärrkontroll

kilimas
................
matta

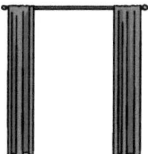

užuolaida
................
gardin

stalas
................
bord

kėdė
................
stol

supamasis krėslas
................
gungstol

fotelis
................
fåtölj

knyga
bok

antklodė
filt

papuošimai
dekoration

malkos
vedträ

filmas
film

stereo aparatūra
stereoanläggning

raktas
nyckel

laikraštis
dagstidning

paveikslas
målning

plakatas
poster

radijas
radio

užrašų knygelė
anteckningsbok

dulkių siurblys
dammsugare

kaktusas
kaktus

žvakė
stearinljus

# virtuvė
# kök

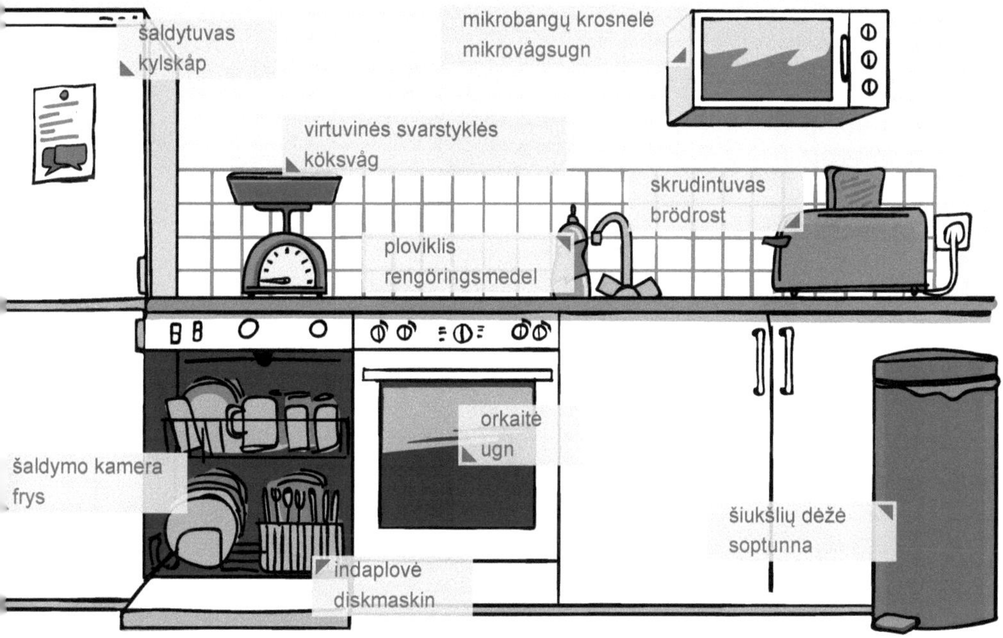
šaldytuvas
kylskåp
mikrobangų krosnelė
mikrovågsugn
virtuvinės svarstyklės
köksvåg
skrudintuvas
brödrost
ploviklis
rengöringsmedel
orkaitė
ugn
šaldymo kamera
frys
šiukšlių dėžė
soptunna
indaplovė
diskmaskin

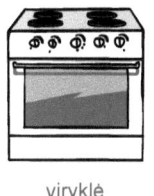

viryklė

spis

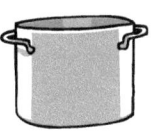

puodas

kastrull

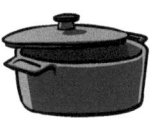

ketaus puodas

järngryta

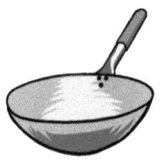

„wok“ keptuvė

wok / kadai

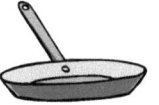

keptuvė

stekpanna

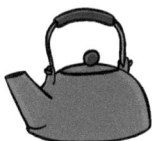

virdulys

vattenkokare

garų puodas

ångkokare

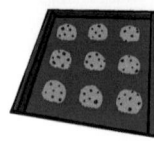

kepimo skarda

bakplåt

porceliano indai

porslin

puodelis

mugg

dubuo

skål

valgomosios lazdelės

ätpinnar

samtis

soppslev

mentelė

stekspade

plaktuvas

visp

koštuvas

durkslag

sietas

sil

trintuvė

rivjärn

grūstuvė

mortel

kepsninė

grill

atvira liepsna

brasa

pjaustymo lentelė
skärbräda

kočėlas
kavel

kamščiatraukis
korkskruv

skardinė
burk

skardinių atidarytuvas
burköppnare

puodkėlė
grytlapp

kriauklė
vask

šepetys
borste

kempinė
svamp

trintuvas
mixer

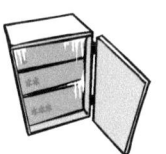

šaldiklis
frys

kūdikių buteliukas
nappflaska

čiaupas
kran

# vonios kambarys
# badrum

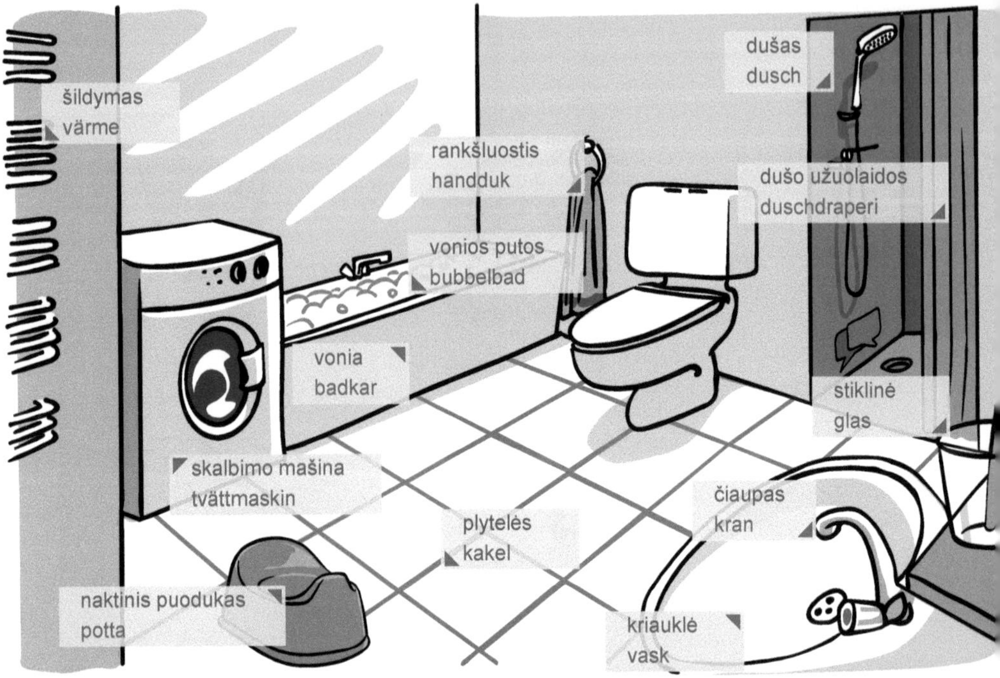

dušas
dusch
šildymas
värme
rankšluostis
handduk
dušo užuolaidos
duschdraperi
vonios putos
bubbelbad
vonia
badkar
stiklinė
glas
skalbimo mašina
tvättmaskin
čiaupas
kran
plytelės
kakel
naktinis puodukas
potta
kriauklė
vask


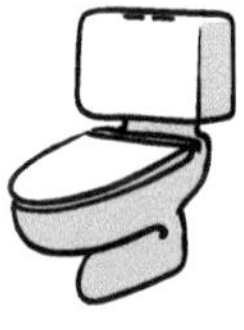

unitazas

toalett

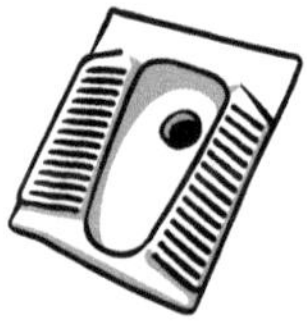

tupimasis unitazas

låg toalett

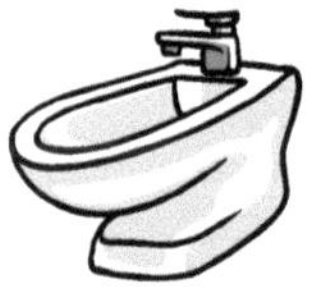

bidė

bidet

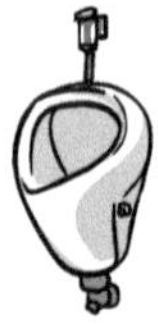

pisuaras

pissoar

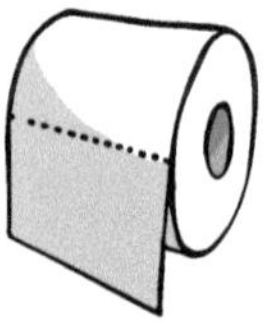

tualetinis popierius

toalettpapper

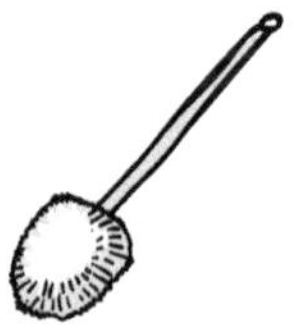

unitazo šepetys

toalettborste

dantų šepetėlis

tandborste

dantų pasta

tandkräm

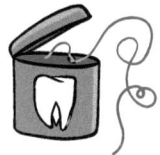

dantų siūlas

tandtråd

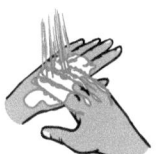

plauti

tvätta

dušo galvutė

handdusch

higieninis dušas

intimdusch

praustuvas

handfat

nugaros plaušinė

ryggborste

muilas

tvål

dušo želė

duschgel

šampūnas

schampo

plaušinė

trasa

kanalizacija

avlopp

kremas

crème

dezodorantas

deodorant

veidrodis

spegel

veidrodėlis

handspegel

skustuvas

rakhyvel

skutimosi putos

raklödder

losjonas po skutimosi

rakvatten

šukos

kam

šepetys

borste

plaukų džiovintuvas

hårtork

plaukų lakas

hårspray

makiažas

smink

lūpdažis

läppstift

nagų lakas

nagellack

vata

bomullsvadd

žirklutės nagams

nagelsax

kvepalai

parfym

maišelis skalbiniams

necessär

taburetė

pall

svarstyklės

våg

chalatas

badrock

guminės pirštinės

gummihandskar

tamponas

tampong

higieninis įklotas

binda

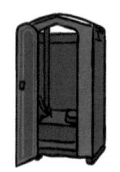

biotualetas

kemisk toalett

# vaiko kambarys
# barnrum

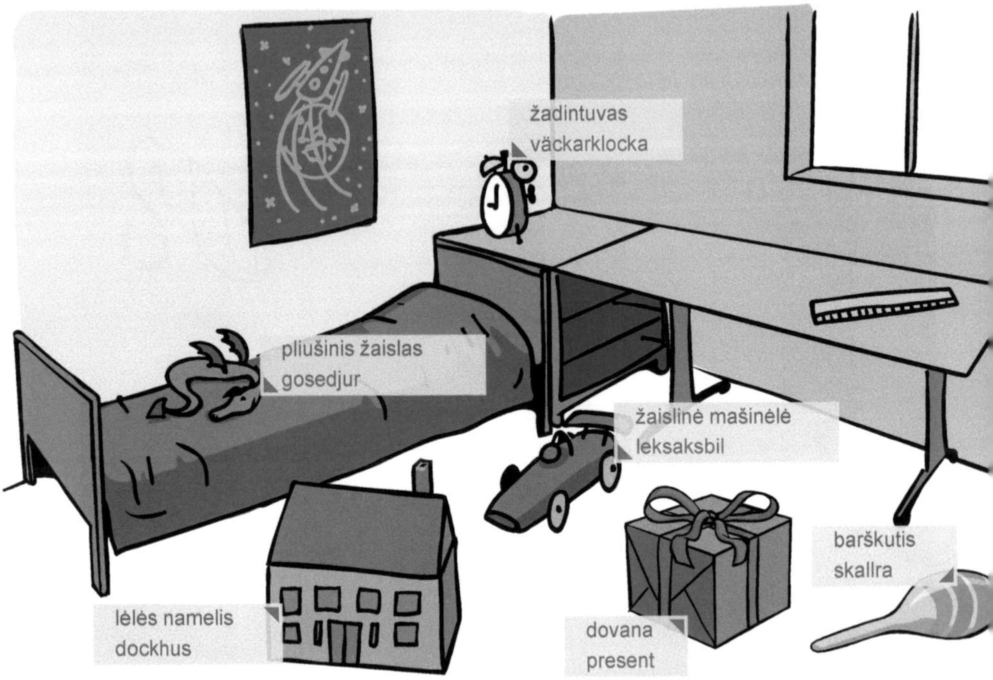
žadintuvas
väckarklocka
pliušinis žaislas
gosedjur
žaislinė mašinėlė
leksaksbil
barškutis
skallra
lėlės namelis
dockhus
dovana
present

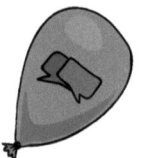

balionas

ballong

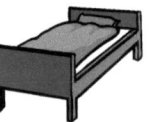

lova

säng

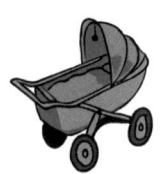

vaikiškas vežimėlis

barnvagn

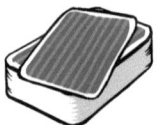

kortų malka

kortlek

delionė

pussel

SUPER
MEGA

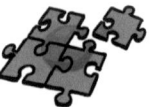

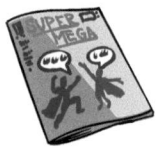

komiksai

serietidning

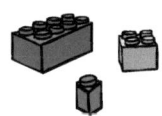

lego kaladėlės

legobitar

žaislinės kaladėlės

klossar

figūrėlė

actionfigur

šliaužtinukai

sparkdräkt

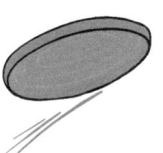

mėtymo lėkštė

frisbee

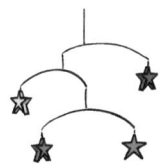

karuselė

mobil

stalo žaidimas

brädspel

kauliukai

tärning

žaislinis traukinys

modelljärnväg

žindukas

napp

vakarėlis

party

paveiksliukų knygelė

bilderbok

kamuolys

boll

lėlė

docka

žaisti

spela

smėlio dėžė

sandlåda

sūpynės

gunga

žaislai

leksaker

žaidimų konsolė

spelkonsol

triratukas

trehjuling

meškiukas

nalle

drabužių spinta

garderob

## drabužis
## kläder

kojinės

sockar

kojinės virš kelių

strumpor

pėdkelnės

tights

šalikas
halsduk

skėtis
paraply

marškinėliai
t-shirt

diržas
bälte

ilgaauliai batai
stövlar

šlepetės
tofflor

sportbačiai
sneakers

sandalai
sandaler

batai
skor

guminiai batai
gummistövlar

trumpikės
underbyxor

liemenėlė
BH

liemenė
linne

glaustinukė
........................
body

kelnės
........................
byxor

džinsai
........................
jeans

sijonas
........................
kjol

palaidinė
........................
blus

marškiniai
........................
skjorta

megztinis
........................
pullover

megztinis su gobtuvu
........................
sweater

švarkelis
........................
blazer

švarkas
........................
jacka

paltas
........................
kappa

lietpaltis
........................
regnjacka

kostiumas
........................
dräkt

suknelė
........................
klänning

vestuvinė suknelė
........................
bröllopsklänning

kostiumas

kostym

naktiniai marškiniai

nattlinne

pižama

pyjamas

saris

sari

skarelė

slöja

tiurbanas

turban

kaftanas

kaftan

abaja

abaya

burka

burka

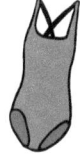

naudymosi kostiumėlis

baddräkt

glaudės

badbyxor

šortai

shorts

sportinis kostiumas

träningsoverall

prijuostė

förkläde

pirštinės

handskar

saga
knapp

akiniai
glasögon

apyrankė
armband

vėrinys
halsband

žiedas
ring

auskaras
örhänge

kepurė
mössa

pakabas
galge

skrybėlė
hatt

kaklaraištis
slips

užtrauktukas
dragkedja

šalmas
hjälm

breketai
hängslen

mokyklinė uniforma
skoluniform

uniforma
uniform

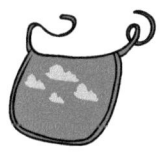

seilinukas

haklapp

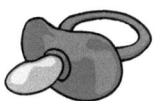

žindukas

napp

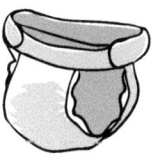

vystyklai

blöja

# biuras

# kontor

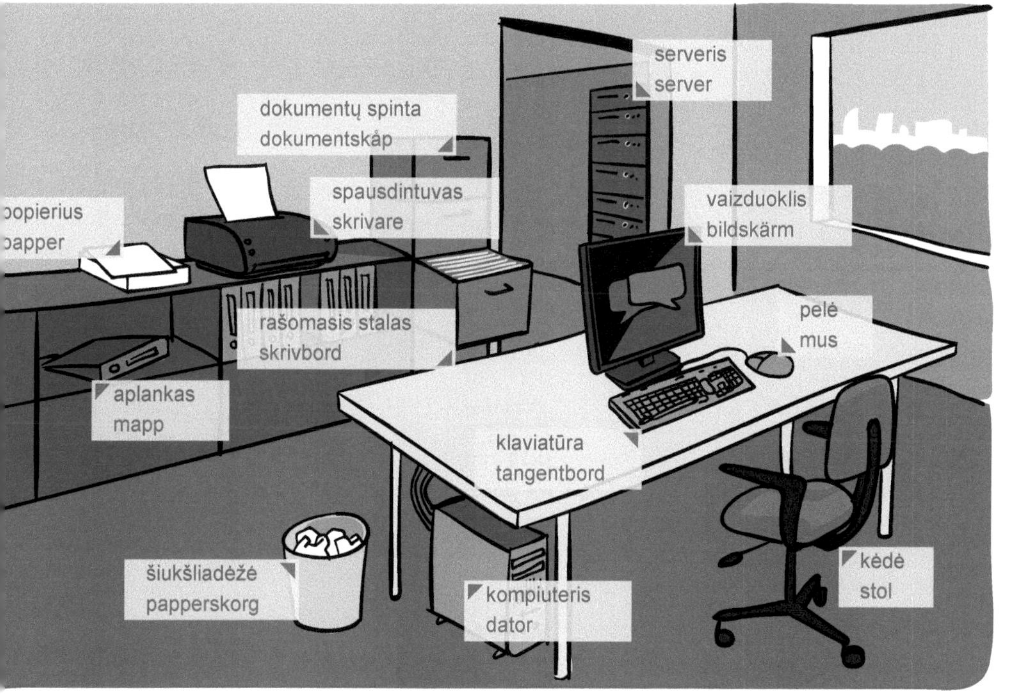

serveris
server
dokumentų spinta
dokumentskåp
popierius
papper
spausdintuvas
skrivare
vaizduoklis
bildskärm
pelė
mus
rašomasis stalas
skrivbord
aplankas
mapp
klaviatūra
tangentbord
šiukšliadėžė
papperskorg
kompiuteris
dator
kėdė
stol


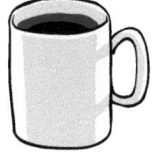

kavos puodelis

kaffemugg

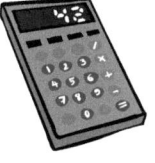

kalkuliatorius

miniräknare

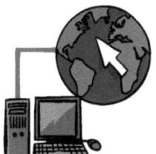

internetas

internet

nešiojamasis kompiuteris

bärbar dator

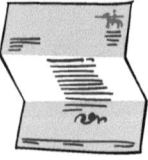

laiškas

brev

žinutė

meddelande

mobilusis telefonas

mobiltelefon

tinklas

nätverk

fotokopijavimo aparatas

kopieringsapparat

programinė įranga

programvara

telefonas

telefon

kištukinis lizdas

vägguttag

faksas

fax

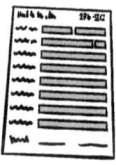

forma

blankett

dokumentas

dokument

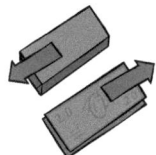

pirkti
köpa

mokėti
betala

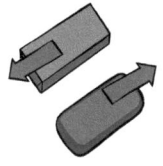

prekiauti
handla

pinigai
pengar

**USD**

doleris
dollar

**EUR**

euras
euro

**JPY**

jena
yen

**RUB**

rublis
rubel

**CHF**

Šveicarijos frankas
schweizisk franc

**CNY**

juanis
renminbi yan

**INR**

rupija
rupie

bankomatas
bankomat

valiutos keitykla

växelkontor

auksas

guld

sidabras

silver

nafta

olja

energija

energi

kaina

pris

sutartis

kontrakt

mokestis

skatt

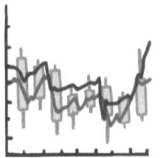

akcijos

aktie

dirbti

arbeta

darbuotojas

anställd

darbdavys

arbetsgivare

gamykla

fabrik

parduotuvė

affär

ekonomika - ekonomi

policininkas
polis

ugniagesys
brandman

virėjas
kock

gydytojas
läkare

lakūnas
pilot

sodininkas
trädgårdsmästare

stalius
snickare

siuvėja
sömmerska

teisėjas
domare

chemikas
kemist

aktorius
skådespelare

autobuso vairuotojas

busschaufför

taksi vairuotojas

taxichaufför

žvejys

fiskare

valytoja

städerska

stogdengys

takläggare

padavėjas

servitör

medžiotojas

jägare

dailininkas

målare

kepėjas

bagare

elektrikas

elektriker

statybininkas

byggarbetare

inžinierius

ingenjör

mėsininkas

slaktare

santechnikas

rörmokare

paštininkas

brevbärare

kareivis
soldat

architektas
arkitekt

kasininkas
kassör

gėlininkas
florist

kirpėjas
frisör

konduktorius
konduktör

mechanikas
mekaniker

kapitonas
kapten

odontologas
tandläkare

mokslininkas
vetenskapsman

rabinas
rabbin

imamas
imam

vienuolis
munk

kunigas
präst

# įrankiai
## verktyg

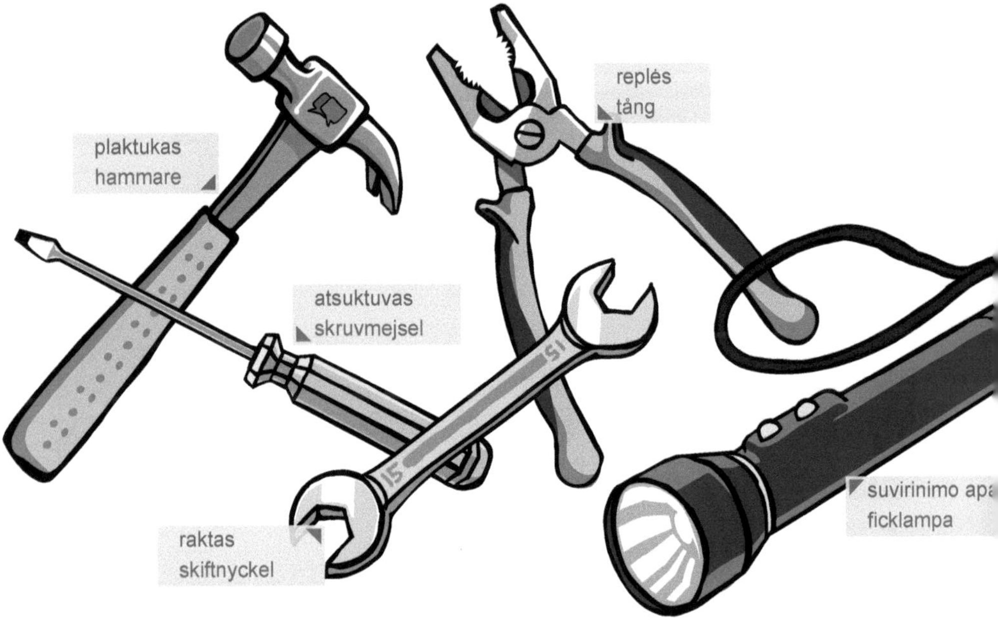

plaktukas
hammare
replės
tång
atsuktuvas
skruvmejsel
raktas
skiftnyckel
suvirinimo ap
ficklampa


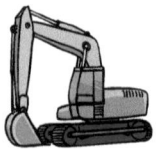

ekskavatorius

grävmaskin

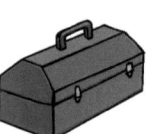

įrankių dėžė

verktygslåda

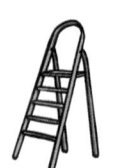

kopėčios

stege

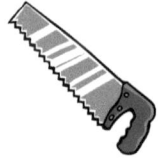

pjūklas

såg

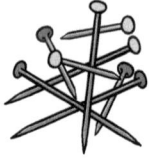

vinys

spik

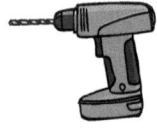

grąžtas

borr

| | | |
|---|---|---|
|  |  |  |
| taisyti | kastuvas | Velniava! |
| reparera | spade | Helvete! |
|  |  | 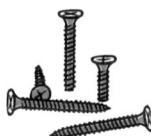 |
| semtuvėlis | dažų skardinė | varžtai |
| sopskyffel | färgburk | skruvar |

## muzikos instrumentai
## musikinstrument

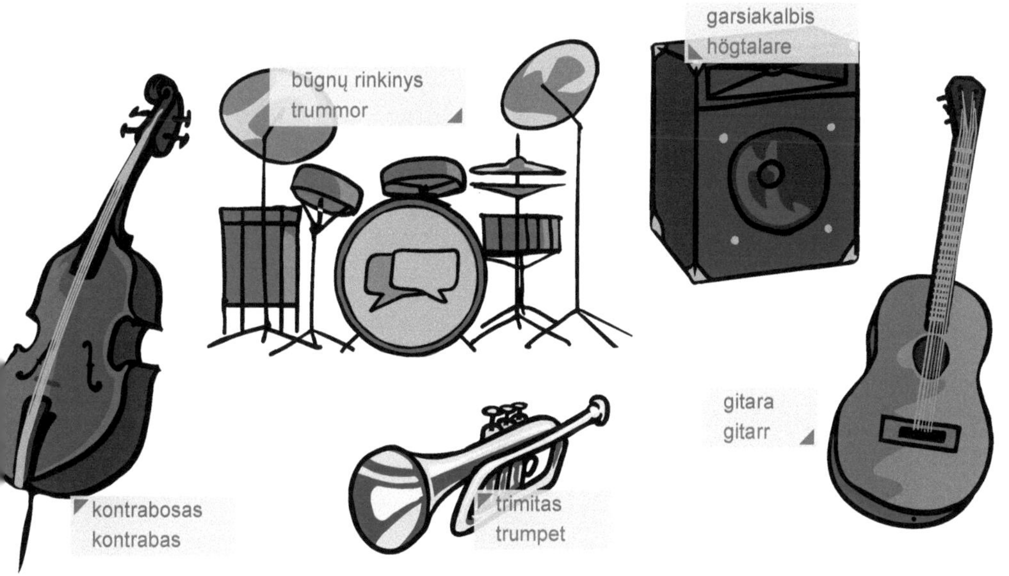

garsiakalbis
högtalare

būgnų rinkinys
trummor

gitara
gitarr

kontrabosas
kontrabas

trimitas
trumpet

pianinas

piano

smuikas

violin

bosinė gitara

bas

timpanas

timpani

būgnai

trumma

sintezatorius

keyboard

saksofonas

saxofon

fleita

flöjt

mikrofonas

mikrofon

tigras
tiger

jėjimas
ingång

narvas
bur

zebras
zebra

gyvūnų pašaras
djurfoder

panda
panda

gyvūnai

djur

dramblys

elefant

kengūra

känguru

raganosis

noshörning

gorila

gorilla

meška

björn

kupranugaris

kamel

strutis

struts

liūtas

lejon

beždžionė

apa

flamingas

flamingo

papūga

papegoja

baltoji meška

isbjörn

pingvinas

pingvin

ryklys

haj

povas

påfågel

gyvatė

orm

krokodilas

krokodil

zoologijos sodo prižiūrėtojas

djurskötare

ruonis

säl

jaguaras

jaguar

ponis
ponny

leopardas
leopard

begemotas
flodhäst

žirafa
giraff

erelis
örn

šernas
vildsvin

žuvis
fisk

vėžlys
sköldpadda

vėplys
valross

lapė
räv

gazelė
gazell

amerikietiškas futbolas
amerikansk fotboll

dviračių sportas
cykling

tenisas
tennis

krepšinis
basket

plaukimas
simning

boksas
boxning

ledo ritulys
ishockey

futbolas
fotboll

badmintonas
badminton

atletika
friidrott

rankinis
handboll

slidinėjimas
skidåkning

polas
polo

šokinėti
hoppa

juoktis
skratta

apkabinti
krama

vaikščioti
gå

dainuoti
sjunga

svajoti
drömma

melstis
be

bučiuoti
kyssa

rašyti
skriva

piešti
rita

rodyti
visa

stumti
skjuta

duoti
ge

imti
ta

turėti

hagel

daryti

göra

būti

vara

stovėti

stå

bėgti

springa

traukti

dra

mesti

kasta

kristi

falla

meluoti

ligga

laukti

vänta

nešti

bära

sėdėti

sitta

rengtis

klä på

miegoti

sova

pabusti

vakna

žiūrėti

se på

verkti

gråta

glostyti

smeka

šukuoti

kamma

kalbėti

prata

suprasti

förstå

paklausti

fråga

klausytis

höra

gerti

dricka

valgyti

äta

tvarkytis

städa

mylėti

älska

gaminti

laga mat

vairuoti

köra

skristi

flyga

buriuoti

segla

skaičiuoti

räkna

skaityti

läsa

mokytis

lära sig

dirbti

arbeta

vesti

gifta sig

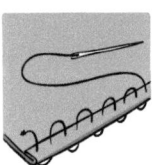

siūti

sy

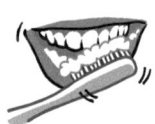

valytis dantis

borsta tänderna

žudyti

döda

rūkyti

röka

siųsti

skicka

...elė
...rmor/farmor

senelis
morfar/farfar

tėvas
pappa

motina
mamma

kūdikis
baby

dukra
dotter

sūnus
son

svečias
gäst

teta
moster/faster

dėdė
farbror/morbror

brolis
bror

sesuo
syster

# kūnas
# kropp

kakta
panna
akis
öga
petys
skuldra
pirštas
finger
veidas
ansikte
smakras
haka
plaštaka
hand
koja
ben
krūtinė
bröst
ranka
arm


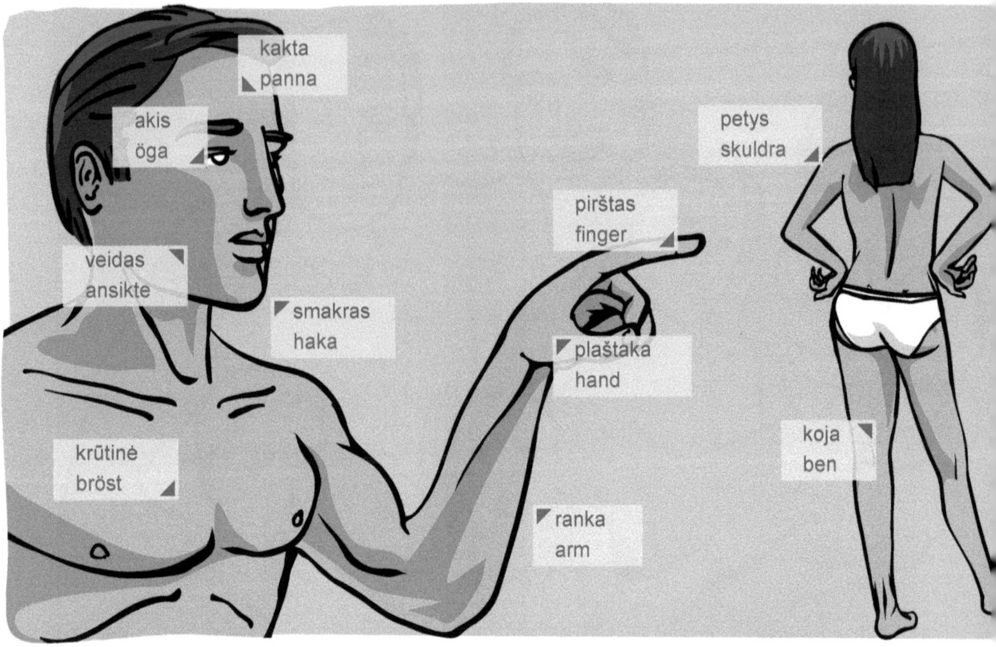

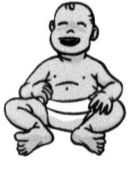

kūdikis

baby

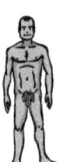

vyras

man

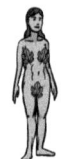

moteris

kvinna

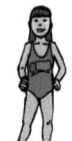

mergaitė

flicka

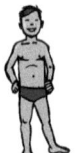

berniukas

pojke

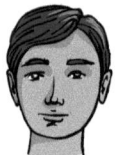

galva

huvud

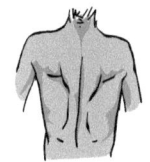

nugara

rygg

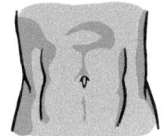

pilvas

mage

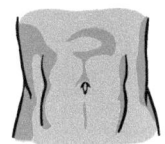

bamba

navel

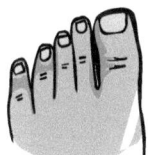

kojos pirštas

tå

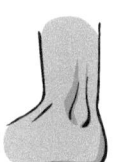

kulnas

häl

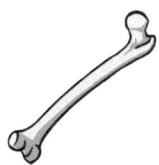

kaulas

ben

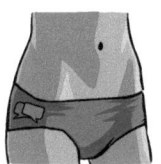

klubas

höft

kelis

knä

alkūnė

armbåge

nosis

näsa

sėdmenys

stjärt

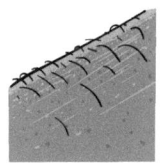

oda

hud

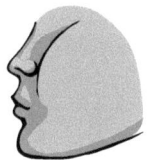

skruostas

kind

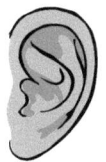

ausis

öra

lūpa

läpp

**kūnas - kropp**

burna

mun

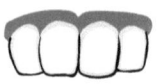

dantis

tand

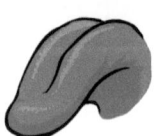

liežuvis

tunga

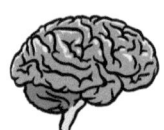

smegenys

hjärna

širdis

hjärta

raumuo

muskel

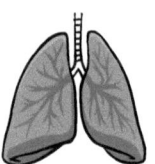

plaučiai

lunga

kepenys

lever

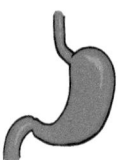

skrandis

magsäck

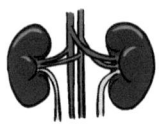

inkstai

njurar

seksas

sex

prezervatyvas

kondom

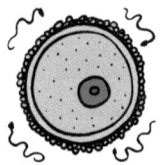

kiaušialąstė

äggcell

sperma

sperma

nėštumas

graviditet

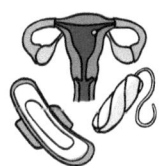

menstruacijos

menstruation

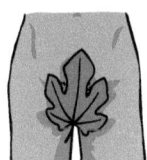

makštis

vagina

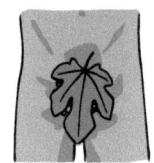

varpa

penis

antakis

ögonbryn

plaukai

hår

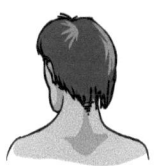

kaklas

nacke

# ligoninė
# sjukhus

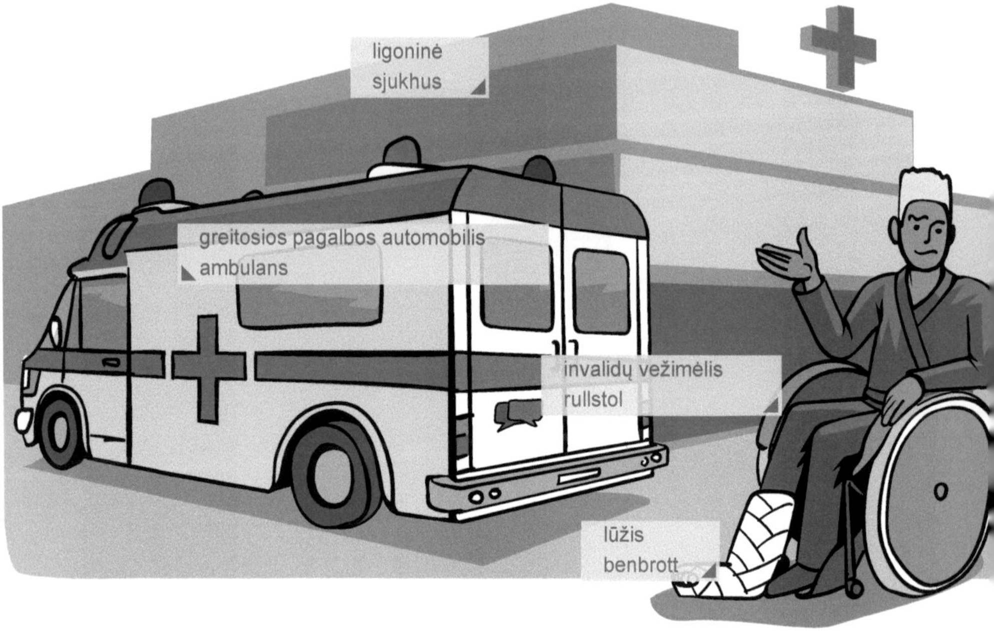

ligoninė
sjukhus
greitosios pagalbos automobilis
ambulans
invalidų vežimėlis
rullstol
lūžis
benbrott

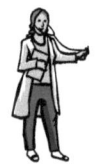

gydytojas

läkare

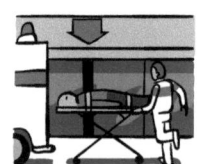

skubios pagalbos skyrius

akutmottagning

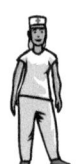

slaugytoja

sjuksköterska

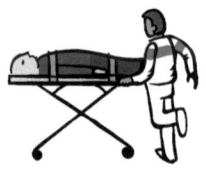

nelaimingas atsitikimas

nödsituation

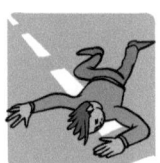

be sąmonės

medvetslös

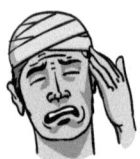

skausmas

smärta

| | | |
|---|---|---|
|  | 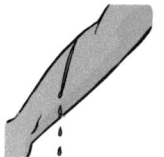 |  |
| sužalojimas | kraujavimas | širdies smūgis |
| skada | blödning | hjärtattack |
|  |  |  |
| insultas | alergija | kosulys |
| slaganfall | allergi | hosta |
|  |  |  |
| karščiavimas | gripas | viduriavimas |
| feber | influensa | diarré |
|  |  | 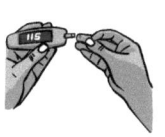 |
| galvos skausmas | vėžys | diabetas |
| huvudvärk | cancer | diabetes |
|  | 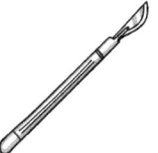 |  |
| chirurgas | skalpelis | operacija |
| kirurg | skalpell | operation |

KT
CT

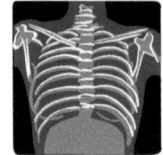

rentgenas
röntgen

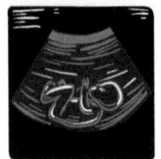

ultragarsas
ultraljud

veido kaukė
ansiktsmask

liga
sjukdom

laukiamasis
väntsal

ramentas
krycka

gipsas
plåster

tvarstis
bandage

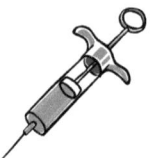

injekcija
injektion

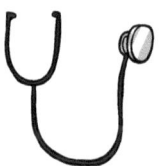

stetoskopas
stetoskop

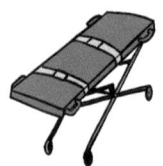

neštuvai
bår

termometras
termometer

gimimas
födsel

antsvoris
övervikt

klausos aparatas

hörapparat

dezinfekavimo priemonė

desinfektionsmedel

infekcija

infektion

virusas

virus

ŽIV / AIDS

HIV / AIDS

vaistas

medicin

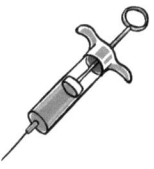

skiepijimas

vaccination

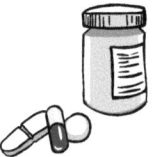

tabletės

tabletter

piliulė

p-piller

ubios pagalbos numeris

nödsamtal

kraujospūdžio matuoklis

blodtrycksmätare

ligotas / sveikas

sjuk / frisk

Padėkite!

Hjälp!

pavojaus signalas

alarm

užpuolimas

överfall

ataka

misshandel

pavojus

fara

avarinis išėjimas

nödutgång

Gaisras!

Det brinner!

gesintuvas

brandsläckare

nelaimingas atsitikimas

olycka

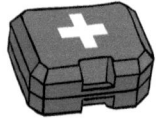

pirmosios pagalbos rinkinys

förbandslåda

SOS

SOS

policija

polis

Europa

Europa

Šiaurės Amerika

Nordamerika

Pietų Amerika

Sydamerika

Afrika

Afrika

Azija

Asien

Australija

Australien

Atlanto vandenynas

Atlanten

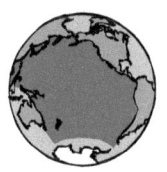

Ramusis vandenynas

Stilla Havet

Indijos vandenynas

Indiska Oceanen

Pietų vandenynas

Antarktiska Oceanen

Arkties vandenynas

Arktiska Oceanen

Šiaurės ašigalis

Nordpol

Pietų ašigalis

Sydpol

Antarktida

Antarktis

Žemė

Jorden

sausuma

land

jūra

hav

sala

ö

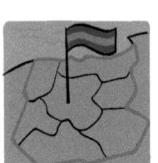

tauta

nation

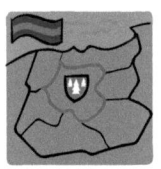

valstybė

stat

ciferblatas

urtavla

valandinė rodyklė

timvisare

minutinė rodyklė

minutvisare

sekundinė rodyklė

sekundvisare

Kiek valandų?

Vad är klockan?

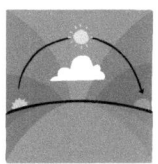

diena

dag

laikas

tid

dabar

nu

skaitmeninis laikrodis

digital klocka

minutė

minut

valanda

timme

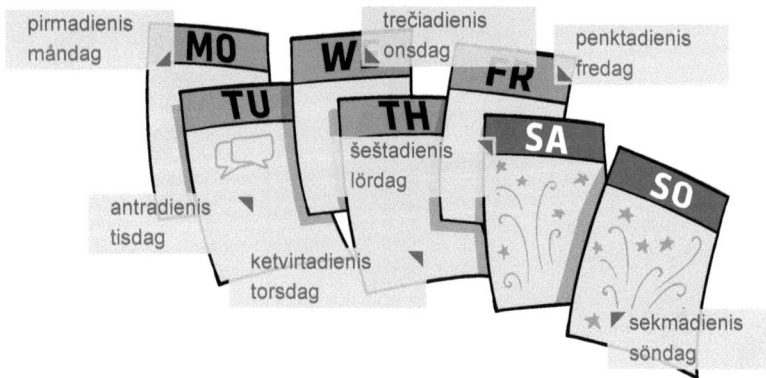

pirmadienis
måndag

trečiadienis
onsdag

penktadienis
fredag

šeštadienis
lördag

antradienis
tisdag

ketvirtadienis
torsdag

sekmadienis
söndag

vakar

igår

šiandien

idag

rytoj

imorgon

rytas

morgon

vidurdienis

middag

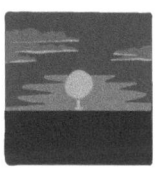

vakaras

kväll

darbo dienos

vardagar

savaitgalis

helg

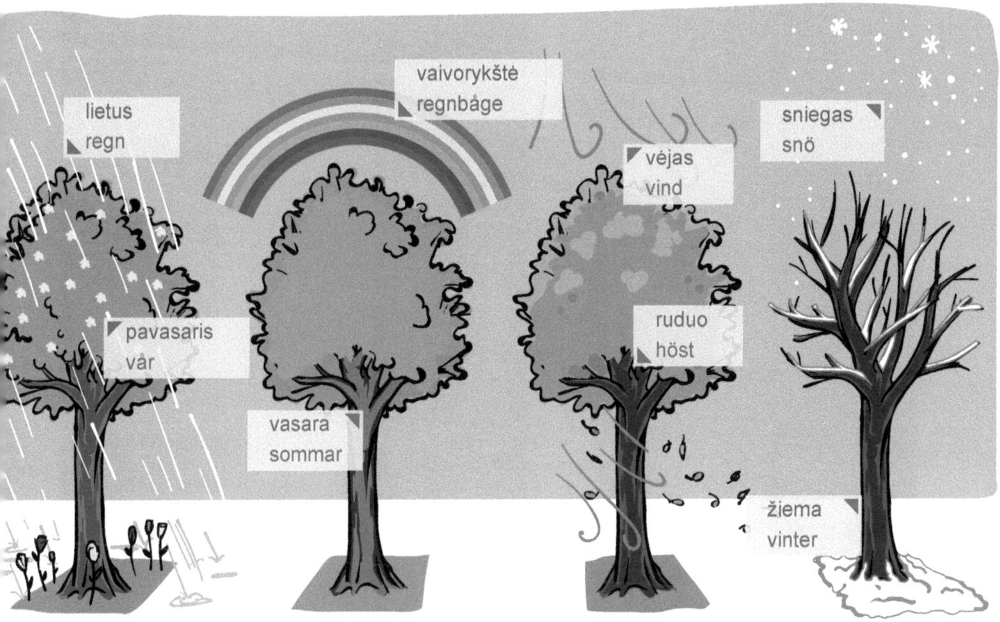

lietus
regn

vaivorykštė
regnbåge

vėjas
vind

sniegas
snö

pavasaris
vår

vasara
sommar

ruduo
höst

žiema
vinter

| 4.APRIL | 11° | ☀ |
| 5.APRIL | 4° | |
| 6.APRIL | 13° | |
| 7.APRIL | 8° | ☀ |
| 8.APRIL | 10° | ☀ |

orų prognozė
..............
väderprognos

lauko termometras
..............
termometer

saulės šviesa
..............
solsken

debesis
..............
moln

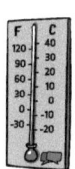

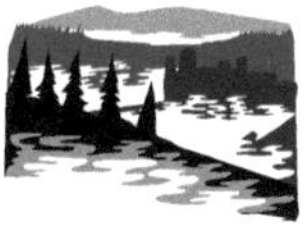

rūkas
..............
dimma

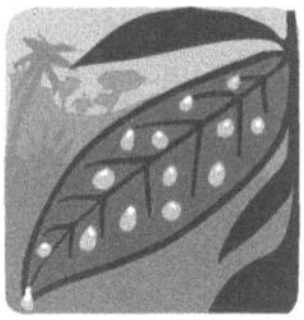

drėgmė
..............
luftfuktighet

žaibas
blixt

griaustinis
åska

audra
storm

kruša
hagel

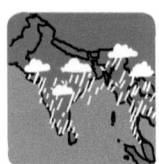

musonas
monsun

potvynis
översvämning

ledas
is

sausis
januari

vasaris
februari

kovas
mars

balandis
april

gegužė
maj

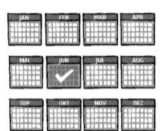

birželis
juni

liepa
juli

rugpjūtis
augusti

rugsėjis
.................
september

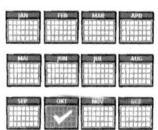

spalis
.................
oktober

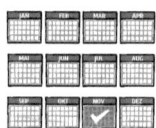

lapkritis
.................
november

gruodis
.................
december

apskritimas
.................
cirkel

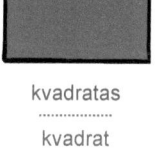

kvadratas
.................
kvadrat

stačiakampis
.................
rektangel

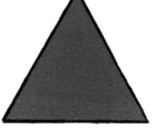

trikampis
.................
triangel

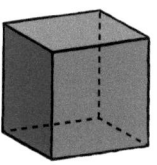

sfera
.................
sfär

kubas
.................
kub

balta
...............
vit

geltona
...............
gul

oranžinė
...............
orange

rožinė
...............
rosa

raudona
...............
röd

violetinė
...............
lila

mėlyna
...............
blå

žalia
...............
grön

ruda
...............
brun

pilka
...............
grå

juoda
...............
svart

daug / mažai

mycket / lite

piktas / ramus

arg / lugn

gražus / bjaurus

vacker / ful

pradžia / pabaiga

början / slut

didelis / mažas

stor / liten

šviesus / tamsus

ljus / mörk

brolis / sesuo

bror / syster

švarus / purvinas

ren / smutsig

užbaigtas / neužbaigtas

komplett / ofullständig

diena / naktis

dag / natt

miręs / gyvas

död / levande

platus / siauras

bred / smal

valgomas / nevalgomas

ätlig / oätlig

piktas / malonus

ond / god

linksmas / nuobodus

upphetsad / uttråkad

storas / plonas

tjock / smal

pirmiausia / paskiausia

först / sist

draugas / priešas

vän / fiende

pilnas / tuščias

full / tom

kietas / minkštas

hård / mjuk

sunkus / lengvas

tung / lätt

alkis / troškulys

hunger / törst

ligotas / sveikas

sjuk / frisk

nelegalus / legalus

olaglig / laglig

protingas / kvailas

intelligent / dum

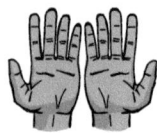

kairė / dešinė

vänster / höger

arti / toli

nära / långt bort

naujas / naudotas
ny / begagnad

niekas / kažkas
inget / något

senas / jaunas
gammal / ung

įjungta / išjungta
på / av

atidaryta / uždaryta
öppen / stängd

tylus / garsus
tyst / högljudd

turtingas / vargšas
rik / fattig

teisus / neteisus
rätt / fel

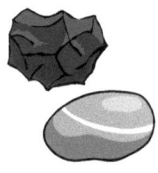

šiurkštus / švelnus
grov / slät

liūdnas / laimingas
ledsen / glad

trumpas / ilgas
kort / lång

lėtas / greitas
långsam / snabb

drėgnas / sausas
våt / torr

šiltas / šaltas
varm / sval

karas / taika
krig / fred

| **0** | **1** | **2** |
|:---:|:---:|:---:|
| nulis | vienas | du |
| noll | ett | två |

| **3** | **4** | **5** |
|:---:|:---:|:---:|
| trys | keturi | penki |
| tre | fyra | fem |

| **6** | **7** | **8** |
|:---:|:---:|:---:|
| šeši | septyni | aštuoni |
| sex | sju | åtta |

| **9** | **10** | **11** |
|:---:|:---:|:---:|
| devyni | dešimt | vienuolika |
| nio | tio | elva |

**12**

dvylika

tolv

**13**

trylika

tretton

**14**

keturiolika

fjorton

**15**

penkiolika

femton

**16**

šešiolika

sexton

**17**

septyniolika

sjutton

**18**

aštuoniolika

arton

**19**

devyniolika

nitton

**20**

dvidešimt

tjugo

**100**

šimtas

hundra

**1.000**

tūkstantis

tusen

**1.000.000**

milijonas

miljon

anglų

engelska

amerikiečių anglų

amerikansk engelska

kinų (mandarinų)

kinesisk mandarin

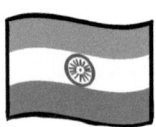

hindi

hindi

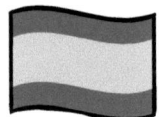

ispanų

spanska

prancūzų

franska

arabų

arabiska

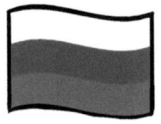

rusų

ryska

portugalų

portugisiska

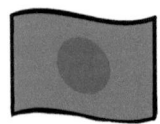

bengalų

bengali

vokiečių

tyska

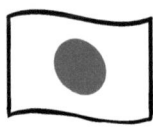

japonų

japanska

aš

jag

tu

du

jis / ji

han / hon / den (det)

mes

vi

jūs

ni

jie

de

kas?

vem?

ką?

vad?

kaip?

hur?

kur?

var?

kada?

när?

vardas

namn

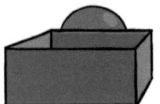

už

bakom

kur (vieta)

i

priešais

framför

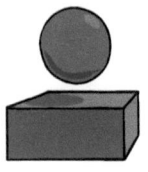

virš

över

ant

på

po

under

prie

bredvid

tarp

mellan

vieta

plats